ブックレット《アジアを学ぼう》48

森 万佑子

ソウル大学校で韓国近代史を学ぶ

韓国留学体験記

風響社

ソウル大学校で韓国近代史を学ぶ

森　万佑子

はじめに

人生でこんなにも迷ったことはなかった。

二〇〇九年春、私は念願の韓国留学の切符を手に入れたものの、留学する「身分」で迷っていた。その「身分」とは、一つは「研究員」としての留学。研究所に所属して研究員として求められる成果発表を行う以外は、基本的に自由に時間が使える。歴史学は史料の発掘、調査、収集、分析が研究の根幹を成すことに照らせば、自分の研究の進展に直結すると思われる身分。デメリットとしては、現地の人々との関わりが少ないという点がある。

もう一つは「学生」としての留学。当時私は日本の大学で修士号を得ていたから、韓国の大学院の博士課程に入学するという道である。現地の学生と机を並べて一緒に勉強ができる、まさに「留学」である。ただし、韓国の大学院の授業は欧米式で、授業ではとにかく大量の文献を読まなければならないため、与えられた課題をこなすのに精いっぱいで、自分の研究時間が確保できない懸念があった。日本の大学院の授業（あくまで私が受けた授業に限る）は、文献講読の授業であれ史料講読の授業であれ、自分の研究課題を進めるための時間が比較的確保でき、修了に必要な授業単位も一年ほどで取得できる。しかし、韓国の大学院は違う。博士課程を修了するためには、欧米式のスパルタ授業を週に三コマ履修し、それを最低二年間は続けなければならない。しかも、日本の大学院の講義一コマが九〇分であるのに対し、韓国はその倍である。

当時、私は日本の大学院の博士課程に在籍しており、博士課程修了に必要な単位もほぼ取得していたので、敢えて「留学」する必要はなかった。留学中に史料を収集し、週に一コマくらい韓国の大学院の講義を聴講し、帰国後に博士論文を提出する、という流れが研究者にとっての留学の王道と思われた。さらに留学が決まった時点で、学術雑誌に掲載された論文を持っていなかった私は、博士論文に取り組む前に雑誌論文を執筆しなければならない段階でもあった。雑誌論文とは、研究者間で「私はこんな研究をしています」という名刺代わりになるもので、学術雑誌に論文を投稿していなかった私は、名刺すらない状態だったのである。

しかし、私は留学する身分に迷った。

「迷った」ということは、王道ではない方に惹かれたということである。そして決断した。若いうちの苦労は買ってでもした方がいい。

こうして私は二〇一〇年三月、ソウル大学校大学院人文大学国史学科の博士課程に入学した。

本書はそんな私の個人的な体験をもとに、二〇一〇年三月から二〇一二年二月まで、韓国史研究の本場であるソウル大学校で、韓国近代史がどのように勉強され、またどのような議論が展開されていたのかを学生の立場から紹介するものである。それゆえ、それぞれの講義内容について評価をするというものではなく、あくまでも個人的な体験記であることを断っておきたい。

ただ同時に、本書が単なる講義紹介に終わらぬよう、ソウル大学校で行われた韓国近代史の講義については、それぞれの講義内容に関わる文献を取り上げ、講義で展開された議論を発展させるようにも努めた。

本書が、韓国近代史に興味を持つ読者のさらなる関心の入り口になれば幸いである。

一　期待と不安（一年目一学期：二〇一〇年三月〜八月）

ソウルの冬は寒い。三月とてコートが手放せない気候である。しかし、三月になると人々の服装はどこか春めいてくる。多少寒くても、それまでの暗い色の重たいコートに替えて、淡い色の軽やかなジャケットを着る。韓国の学校は三月始まりである。気候にかかわらず、人々の気持ちが春になるのである。

写真1　3・1独立運動記念パレード

三月一日はお休みで講義は二日から始まる。三月一日は三・一独立運動の記念日、つまり、一九一九年に日本の植民地支配への反対・抵抗運動を行った三・一独立運動を称える祝日だからである。祝日・記念日の類は、人々に過去の出来事を記憶させ、歴史認識を形成する上で重要な役割を果たすが、学校の一年の始まりの日が日本の植民地支配に関わる休日であることは、韓国人に幼い時から自然と韓国近代史に触れさせる役割を果たす。

そんな三月一日に思いを馳せながら、私の初めての学期は始まった。奇しくも、それは日本の韓国併合*から一〇〇年が経つ二〇一〇年であった。

初日、私は四〇九号に割り当てられた。研究室である。

私は、それまで所属していた日本の大学に「研究室」という、専攻を同じく

写真2　研究室

する学生たちが集まり共に勉強・研究する場がなかったため、研究室という空間そのものが新鮮であった。

当時、ソウル大学校国史学科の研究室は、修士・博士課程の学生用と修士課程修了生用（修士論文執筆班）、そして博士課程修了生用（博士論文執筆班）があった。課程履修生用の研究室は三部屋あり、そのうちの一つ、四〇九号室を使わせてもらえることになった。

研究室には部屋の両壁面に机が二列並んでいる。一列には六つの机があり、一部屋を一二人で使用した。修士課程・博士課程の混合、さらに専攻する時代も古代史から現代史までバラバラだった。韓国の大学は毎学期に入学・卒業（修了）できるシステムになっているので、学期ごとに新入生や留学生、修士・博士課程を修了して「論文執筆班」に移動する人、修士論文を提出して課程履修生用の研究室に戻ってくる人などで入れ替わりがある。そのため、学期の初めには「パンモイム（部屋の集まり）」という、研究室ごとの懇親会も開かれる。親しくなった同じ研究室の先輩・後輩とは、研究に関する疑問は勿論、韓国語の解釈や日常生活のちょっとした疑問についても自然と話ができるようになり、研究室は非常に贅沢な空間であった。

この日から二年間、計四学期にわたる留学生活を無事に終えることができたのは、この研究室のみんなのお陰である。

二〇一〇年一学期、私は次の三コマの講義を受講した。A先生の「韓国近代史学史研究」、B先生の「韓国対外関係史研究（一九世紀後半期の韓日関係）」、C先生の「北朝鮮セミナー（北朝鮮の社会と文化）」である（韓国では「北朝鮮」

のことを「北韓《プッカン》」と呼ぶが、本書では日本での通例に倣い「北朝鮮」と表記する)。

1　韓国近代史学史研究

A先生の「韓国近代史学史研究」のシラバス*の講義概要には次のように書かれている。シラバスは大学院生向けに書かれているため、少し難しい表現やぎこちない訳文を含むが、留学現場の臨場感をそのままお伝えする目的で、敢えて翻訳は直訳とする。

韓国近代歴史学の歴史も一〇〇年が過ぎている。その結果、量的に多くの研究成果が蓄積されており、多様な歴史理論が適用されている。さらには、近代歴史学そのものを批判的に省察する主張も提起されている。ポストモダン歴史学がまさにそれであるが、その主張内容を受け入れるかどうかにかかわらず、近代歴史学を客観的に省察する視角を提供したという点で意味がある。

また韓国近代歴史学は、東アジア近代歴史学の一部分として、これと連動しながら形成・発展した。特に日本の近代歴史学の影響が大変大きかった。過去の日本の歴史学の影響に対しては「植民史学」という名前で主に否定的な視角で見てきたが、今は、より包括的な観点でその影響を検討する必要がある。

本講義では、韓国の近代史学史に対して、時空間的により広い目で検討していこうと思う。

この講義は八つのテーマが定められ、二~三人のグループでそのテーマに関する発表を行った。八つのテーマは次の通りであった。

① 東アジア近代史学史の流れと韓国への影響
② 近代転換期の歴史認識の動向
③ 民族主義歴史学と文化史学
④ アカデミズム歴史学の成立と史学界の構図
⑤ 解放（一九四五年）直後の歴史学会の再編成
⑥ 四・一九*以後の民族主義の高まりと歴史学
⑦ 一九八〇年代の進歩的歴史学
⑧ 一九九〇年代以後の歴史学会の争点

私たちのグループは、「⑥ 四・一九以後の民族主義の高まりと歴史学」を担当した。

日本は、朝鮮を植民地支配していた時期、朝鮮人を日本人化させる同化政策をとったが、朝鮮人は朝鮮人ゆえに一生かかっても「日本人」になることはできず、そのため朝鮮人から民族意識を取り去るどころか、むしろ逆の効果をもたらした。植民地期に、東京帝国大学や京城帝国大学、朝鮮総督府に附設された朝鮮史編修会で研究された朝鮮史は、朝鮮の「停滞性・他律性」を基調として日本の植民地支配を正当化する「植民史観」に基づいていた。とりわけ社会経済史学の分野で、朝鮮は封建制度成立以前の極めて幼稚な段階にあり、近代社会への自立的発展は見込めないと指摘された影響が大きかった。こうした状況下においては、朝鮮人が朝鮮民族の意識から朝鮮史を学ぶ機会はほとんどなかった。そのため、朴殷植*や申采浩*などが、植民地以前の朝鮮の歴史学を継承し、朝鮮民族を主語として日本帝国主義と闘争する「民族史学」を確立した意義は大きかった。

解放後（日本の終戦後）の韓国の歴史学は、このような民族の精神を強調する「民族史学」に、「社会経済史学」と

「実証史学」を合わせた三本柱を基軸として国史を体系化した。「社会経済史学」は、植民地期に日本の朝鮮史研究が主張した朝鮮の「停滞性・他律性」を排斥するため、朝鮮王朝後期において資本主義の萌芽があったことを証明した。「実証史学」は、東京帝国大学や京城帝国大学の歴史学で重視された文献考証的な方法からくるもので、当時は少数であったが、大学などで正規の歴史学研究の訓練を受けた者が緻密かつ精確な実証研究を担当した。

しかし解放後すぐに朝鮮戦争が起こり、民族は分断され、互いに血みどろの闘いを繰り広げる悲劇に遭う。朝鮮戦争休戦後には、民族だけではなく学問までもが分断され、北朝鮮と対峙する形で韓国歴史学が形成される。すなわち「分断時代の歴史学」という課題を新たに背負うことになるのである。そのため、韓国の国史学にとって朝鮮戦争が休戦した後の一九六〇年代から七〇年代は非常に重要な時期となる。ソウル大学校国史学科の金仁杰《キムインゴル》教授も次のように指摘している。

> 現代の韓国史学史の基礎は一九六〇年代から一九七〇年代にあると言える。それは、現在の韓国史学を引っ張っている歴史家の大多数がこの時期に活動を始めたり、大学の史学科で正規授業を経た後に大学の教壇に職を得ながら韓国史学を主導してきただけでなく、南北分断と朝鮮戦争が駆り立てたイデオロギーの廃墟の上で韓国の歴史学の伝統を復元し、過去の日本の植民史観論者たちによって歪曲された韓国史像を正す基盤を整えたためである。［金仁杰「一九六〇・一九七〇년대 ‘内在的発展論’과 韓国史学（一九六〇・一九七〇年代『内在的発展論』と韓国史学）」『金容燮教授停年記念　韓国史学論叢』一、知識産業社、一九九七年、一一三頁］

すなわち、韓国の歴史学は、一九六〇年代にそれまで人々のものの考え方を強固にしばりつけていた「植民史観」の問題を提起し議論することで民族史学を発展させ、一九七〇年代に実学*研究をはじめとした分野を体系的に検討して近代歴史学の伝統を復元した。そうして一九七〇年代後半から八〇年代初めには、「植民史学」が提示した朝鮮の「停滞性・他律性」に対する「発展性・内在性」を明らかにした研究視角である「内在的発展論」という言葉も定着した。勿論、この間に行われた北朝鮮や日本、中国での朝鮮史研究などとの相互作用があったことは言うまでもない。

一九七〇年代には国史学研究の成果が社会にも直接的に還元された。一九七三年に大学入試で国史が独立科目となり、公務員採用試験でも国史が必修となった。一九七六年には、大学教授たちの訴えの結果、大学の教養国史が必修化された。このように韓国社会において国史が有する意味はとても大きいのである。

今日の世論調査（言論NPO・東アジア研究院「第五回日韓共同世論調査」二〇一七年七月）で、日本人が韓国に対して良くないイメージを持つ理由の第一位に「歴史問題などで日本を批判し続けるから」を挙げ、韓国人が日本に対して良くないイメージを持つ理由の第一位に「韓国を侵略した歴史について正しく反省していないから」を挙げるのを見ると、歴史研究者として、とても残念な気持ちになる。韓国の国史学が韓国社会において有する意義、国史学の歴史とその背景を知ることは、今日の日韓関係にとってとても重要なことである。

「韓国近代史学史研究」の受講を通して、これからの韓国近代史研究は、「内在的発展論」の研究が過大評価してきた部分を見直しつつ、後述する植民地期における「植民地近代」を論じる研究にも目配りをしながら、新たな研究視角を提示する段階に入らなければならないこともわかった。同時に、これまでの研究では積極的に十分な議論がされてこなかった中国や日本、ロシアやアメリカなど朝鮮半島の歴史に深く関わった国々との関係について、韓国史の観点から見直す必要があると感じた。韓国留学最初の学期にこのような講義を受講し、自分がこれから学ぼうとする韓国の国史学の歩みを振り返ることで自分の立脚点を確認できたことは幸運であった。

2　韓国対外関係史研究（一九世紀後半期の韓日関係）

次にB先生の「韓国対外関係史研究（一九世紀後半期の韓日関係）」について述べてみよう。

B先生のシラバスには、

> 大院君政権から日清戦争に至る韓日関係を批判的に省察し、近代韓日関係の争点と課題を導くことでこの主題に関する研究能力を養成する。このために、近代韓日関係の代表的通史である田保橋潔《たぼはしきよし》の『近代日鮮関係の研究』を最新の研究成果と比較しながら通読する。

という授業目標が掲げられていた。

シラバスにある田保橋潔（一八九七～一九四五）の『近代日鮮関係の研究』とは、京城帝国大学法文学部教授であった田保橋が一九四〇年に朝鮮総督府枢密院から出版したもので、「不朽の巨編」といわれる韓国近代史研究の古典である。また、大院君政権とは、朝鮮王朝最後の王である高宗の父・大院君が執権した時期のことである。高宗の在位期間は一八六四年から一九〇七年であるが、高宗は一八五二年生まれで幼くして王位に就いたため、一八七三年の親政までは大院君が執権した。

写真3　江華島

大院君政権は排外主義を掲げ、江華島を攻めたフランス艦隊を撃破し、アメリカ商船を撃沈させ、そして日朝外交を刷新しようと日本から派遣された使節との会見を拒否した。一八七三年、高宗は親政を行うが、大院君が執権継続を望んだため、親政は大院君政権を打倒するという形をとることとなった。高宗およびその妻・閔《ミン》妃の戚族を中心とした閔氏政権は、政権の正当性を示す方法の一つとして大院君政権の排外政策を改める政策をとった。その一つに、停滞していた日朝関係の再構築があり、一八七六年には日朝修好条規を締結することとなる。ただ朝鮮政府は日朝修好条規を従来の日本と朝鮮の関係である「交隣*」の改編と位置づけたので、国際法に則った条約として位置づける日本側の解釈とは距離があった。

田保橋の『近代日鮮関係の研究』は、この大院君政権期から高宗の親政を経て、世界史の分水嶺といわれる一八九四年の日清戦争までの日朝関係史を、政治・外交の観点から論じている。日清戦争までの朝鮮は中国を中心とした中華世界に位置し、宗主国の清朝とは「事大字小（大に事《つか》え、小を字《いつく》しむ）」の関係を有しつつ、隣国の日本との交際である「交隣」を刷新するという、それまでの「事大交隣」を対外関係の基軸に据えながら、アメリカやイギリス、ロシアなどの西洋諸国とも条約を結び、近代国際関係にも参入するようになる。それゆえ、この時期の日朝関係を論じるにあたっては、清朝の存在や影響力を無視できず、日本と朝鮮の史料のみならず中国の史料も基本史料となる。その上でアメリカやイギリスなど関係各国の史料を駆使しなければならないが、田保橋はこれら膨大な史料を用いて日朝関係を分析しているのである。『近代日鮮関係の研究』は、半世紀以上も前の書物ながら、その精確な史料分析と卓越した解釈から、その価値は今も色褪せることのない韓国近代史研究の基本書であり続けている。

田保橋潔は、一九二一年に東京帝国大学文学部国史学科を卒業し、一九二七年に京城帝国大学法文学部助教授として京城（現ソウル）に赴任し、翌年四月から教授として国史学第一講座を担任した。これより一七年間、京城帝国大学法文学部で「国史学概説」をはじめとした講義を担当した。他方で、一九三三年八月には朝鮮総督府の朝鮮史編修会の第六編部主任として「朝鮮史」（第六編四巻）を刊行し、一九三八年六月に朝鮮史編修会編纂主任となり、一九四〇年にこの『近代日鮮関係の研究』（上下巻）を出版した。

『近代日鮮関係の研究』は、日本の朝鮮植民地支配真っ只中に朝鮮総督府中枢院から出版されていることから、日本の植民地支配を正当化する植民史観による研究と理解されがちである。確かに、田保橋の叙述の中には「頑冥《がんめい》固陋《ころう》なる朝鮮国両班《ヤンバン》*」（上巻五七四頁）や「日清を初め列強の勢力は深く浸透して、脆弱な朝鮮政治経済社会組織を根幹より震憾し、国王・王妃・戚臣・相臣共に此危局に処して、自国を統治する自信を全く喪失して居る。彼等は日清或はいづれかの列国の保護を受けることなくしては、自立することが出来ないのである」（下巻一九頁）などの表現もある。

しかし、田保橋自身が近代史研究において最も重要としたという「正確なる根本史料を蒐集整理校訂」（緒言一四頁）して編まれた本書は、植民史観に基づく研究だと安易には言い切れない。例えば、一九六〇年代から七〇年代の韓国や日本で、近代史研究の花形として注目された日本の明治維新に倣い朝鮮近代化を行おうとした「開化派」を田保橋は「独立党」と呼び、むしろ戦後の研究で「守旧派」「事大派」などと消極的に評価されてきた高宗・閔氏政権に対して「清韓従前の関係から見れば当然であり、当時に於て最も健全な政策と考へられて居た」（上巻九〇〇頁）と評したのは秀逸である。これは結論ありきではない、当時の文脈に即した議論である。実際に「開化派」研究が一段落した今日の研究をみると、高宗は開明君主として評価され、閔氏政権についても清朝の宗主権強化に対抗した政策が着目されている。

こうした田保橋の研究をソウル大学校国史学科の講義でテキストとし、全三二章、計一七七一頁にもわたる大著（しかも文体は現代日本語ではなく明治期文語文である）を受講者が分担して一字一句韓国語に翻訳し、最新の研究論文と比較・検討できたことは贅沢な時間であった。

戦後の韓国の近代史研究は、日朝修好条規を日本の侵略の端緒として朝鮮の近代国際関係への参入を議論したり、開化派が起こした甲申政変（後述）を評価するなどして、清朝の宗主権強化政策との対抗の中に朝鮮の政治外交の近代化を見出し、植民史学に基づいた「停滞性」や「他律性」を克服してきたと言える。しかし、その過程でも田保橋の研究を乗り越えるような研究成果は提示されなかった。その原因の一つとして、田保橋が当時の時代背景の前提としてきた清朝との宗属関係（宗主国と属国の関係）について、朝鮮史の立場から問い直す作業が十分になされなかったことが挙げられる。韓国の近代史研究では、植民史学を意識しすぎるためか、近代朝鮮が清朝と宗属関係を有した側面に触れないようにしているきらいがある。しかし、中国を中心とした近代東アジア国際関係における宗属関係は近代国際関係でいうところの支配・被支配の関係とは異なるものであったことは指摘されて久しい。朝鮮の清朝に対する「属国」とその「事大」（大に事《つか》える）とは決して清朝の言いなりになることではなかったのである。そのような研究成果を踏まえれば、中華世界における宗属関係のなかからも、朝鮮における「発展性」や「主体性」は今後十分に議論できるだろう。

3　北朝鮮セミナー（北朝鮮の社会と文化）

最後に国際大学院で開講されたC先生の「北朝鮮セミナー（北朝鮮の社会と文化）」についてまとめてみよう。

この授業は国史学科の授業ではなく国際大学院が実施する講義科目であった。ソウル大学校国際大学院とは、グローバル人材を育成するための専門大学院である。英語を公用語とし、各国からの留学生や在外韓国人が多く在籍していた。国際大学院の専攻のうち「韓国学専攻」では、韓国や北朝鮮の歴史や文化を扱う講義も開講されていた。

私はシラバスの中で、「北朝鮮セミナー（北朝鮮の社会と文化）」という文字を見つけた時、驚くとともに興味をもった。それまで、学部から数えて八年間もの間、私は日本で朝鮮半島に関わる様々な講義を受講してきたが、北朝鮮の、それも「社会と文化」に焦点を当てた講義を受講する機会はなかった。そのため、北朝鮮の歴史や政治くらいは書籍を通して自分で勉強したことはあっても、社会や文化について学問的に学んだ経験はなく、北朝鮮の一般の人々に対するイメージは、日本のマスメディアを介して形成される「貧しく」て「抑圧され」たイメージを払拭できずにいた。そのため、韓国にとって休戦中の敵国である北朝鮮について専門的に学べる「セミナー」があり、その上「政治と外交」だけではなく「社会と文化」についても学べるという環境に驚いた。韓国の北朝鮮研究は、日本とは比べようもないほどに進んでいるのである。

C先生のシラバスにはこうある。

この講義の目標は、北朝鮮の社会と文化についての多角的な理解を踏まえ、批判的な視角で北朝鮮を分析するものである。そのために、北朝鮮の社会と文化における多様な分野をテーマとして取り上げ、北朝鮮の歴史と生活様式に関して総合的な理解力を増進させようとするものである。具体的な授業の流れは次の通り。

①　北朝鮮研究方法論――北朝鮮社会をどのように見るのか？
②　一九四五年、解放と北朝鮮革命
③　一九五〇年代、北朝鮮の社会（分断政府の樹立と朝鮮戦争）
④　一九六〇年代、北朝鮮の社会（反縦派闘争と千里馬運動）
⑤　一九七〇年代、北朝鮮の社会（唯一思想体系と首領制社会主義）
⑥　一九八〇年代以後の北朝鮮社会（ウリ式社会主義と苦難の行軍）
⑦　北朝鮮の文芸政策の持続と変化
⑧　映画を通してみる北朝鮮社会
⑨　北朝鮮の教育制度

⑩　北朝鮮の日常と組織生活
⑪　北朝鮮の家族と女性

実に多様なテーマに、まさに「目から鱗」であった。もとは一つの民族・国家であったものの、現在の韓国で、韓国史が独自の発展をして国史を体系化してきたように、北朝鮮にも北朝鮮の歴史があり、独自の歩みを進めている当たり前の現実を改めて考えさせられた。とりわけ一九六〇年から一九八〇年のそれぞれの歴史の歩みは、世界史との関わりにおいても国内政治においても対照的である。最新の研究論文や北朝鮮で作られた映画（北朝鮮はプロパガンダとしての映画製作に力を入れた）に描かれた北朝鮮の日常の様子はごく普通の社会であった。さらにこの講義には「脱北者招聘講演」まであった。私にとって生まれて初めて見た「脱北者」は、北朝鮮での暮らし、政治に対する人々の見方、さらには韓国での生活について語ってくれた。

この講義は、教科書である『北韓五〇年史』（임영태〔イム・ヨンテ〕、들녘〔図書出版トゥルニョク〕、一九九九年）という分厚い本に加え、毎週、講義のテーマに合わせた数編の論文が課題文献として指定された。当時はまだ韓国語で行われる授業についていくのが必死であったので、課題文献を読むのでさえ時間がかかり、どこへ行くにも『北韓五〇年史』を持ち歩いた。カフェや地下鉄などで時間を見つけては読んだ記憶がある。これが欧米式の大学院授業かとため息が出た。

しかも、七月に入ると学期末のレポートが課され、さらに膨大な量の文献と格闘することとなった。

4　留学生活①

韓国留学最初の学期は、何もかもが新しく、日々勉強であった。

写真4　ソウル大構内図（2017年5月撮影）

写真5　ソウル大正門

ソウル大学校はめちゃくちゃ広い。研究室の友人が「ソウル大にまつわる三大馬鹿」というジョークを教えてくれた。「一、地下鉄二号線のソウル大入口《デイプク》駅で降りて歩こうとする者、二、ソウル大正門で降りる者、三、ソウル大の学園祭に友達を連れてくる者」というものである。最初の二つは、何を隠そう、私自身もやらかした。三つ目は、ソウル大の学園祭がいわゆる大学の華やかな学園祭のイメージとは異なるためである。

まず、「○○入口」という表現。韓国の地下鉄やバスなど公共交通機関の名前によく用いられるが、これはあくまで「入口」であって、「○○前」ではないということである。「○○入口」で降りたら、目的地まではまだ距離があることを意味する。地下鉄二号線の「ソウル大入口駅」も同様で、「ソウル大入口駅」で降りてからソウル大学校の正門に着くまで、一山越えるほどの距離があり、徒歩で行くには相当気合いがいる。そのため、ほとんどの学生が「ソウル大入口駅」からバスかタクシーに乗ってソウル大学校へ行く。ソウル大学校でも「ソウル大入口駅」から「大学本部前」まで無料のシャトルバスを運行しているほどである。

しかし、地下鉄二号線の「ソウル大入口駅」でバスに乗ったからといってもう安心というわけではない。「三大馬鹿」の二番目の罠が待っている。

ソウル大学校の正門は美しい。大学の校章が巨大オブジェとし

写真６　食堂の朝食（韓食）

写真７　食堂の朝食（洋食）

写真８　学生用寄宿舎

写真９　外国人研究者用寄宿舎

て正門を飾っている。しかし、ここで降りて写真を撮りたい衝動は抑えなければならない。正門で降りてしまったら、目的地が正門のすぐ隣にあるソウル大学校美術館でない限り、またかなりの距離を歩かされることになる。国史学科の場合、正門からさらに一山越えたところにあった。だから、構内を移動するにもバスを利用する必要がある。ソウル大構内の移動には、公共のバスも運行しているが、ソウル大学校も無料の「巡回シャトルバス」なるものを運行している。他学科で開講される講義を履修する際は、これらのバスを利用するか、気合いを入れて歩くのである。

一方､広大なソウル大学校のキャンパス（構内）にはメリットもあった。構内には生活するのに必要なすべてが揃っているのである。

学生食堂やレストランはたくさんあり、インターネットやアプリを使えば構内すべての学生食堂のその日一日のメニューが一目でわかるシステムもある。ただし、構内はとても広いので、いくら食べたいものがあるからといっても研究室から遠く離れた食堂までわざわざ食事に行くことはめったにない。また韓国社会では食事は皆でするもので、一人での食事は寂しい・恥ずかしいというイメージがあるため、食事は同じ研究室の仲間と一緒に、あるいは講義の後に受講生や先生と一緒にとることが多い。構内の食堂は勿論、韓国のレストランでカウンター席をほとんど見かけないのはそのためである。たまに、研究室のみんなで「○○を食べに行こう」となった時は、車に乗ってお目当ての食堂まで移動したりもした。さらに、構内にはおしゃれなカフェがいくつもある。韓国では食事の後にコーヒーを飲むことが多い。ランチの帰り道にコーヒーを買い、コーヒー片手に皆で研究室に戻る、というのは日常の風景であった。

その他、ソウル大学校の中にはコンビニ、書店、文具屋、眼鏡屋、旅行社などがあり、学生が必要とする物は何でも揃う上、医務室、郵便局、銀行、美容室、保育施設、語学学校などもあり、勉強に専念できる環境が整っている。構内には、学部生用・大学院生用・外国人学生用・外国人研究者用・教授用などの様々な寄宿舎があり、大学総長公邸、教授会館、外部の人も宿泊可能なホテルもある。この中で、私が毎日のように利用した構内施設はジムであった。ソウル大学校には企業の後援を受けて作られたジムがいくつかあり、早朝から夜まで多彩なプログラムを運営している。

二　充実した日々（一年目二学期：二〇一〇年九月〜二〇一一年二月）

韓国は陽暦に加え陰暦も使う。韓国のカレンダーや手帳は陰暦が併記されているものがほとんどである。陰暦の正月であるソルラルと中秋節である秋夕《チュソク》は、家族が集う大切な名節である。また、年配の方々には陰暦で自分の誕生日を祝う人もいる。日本にいると陰暦による月日の流れを感じることはまずないが、韓国にいると陰暦を感じずにはいられない。中秋節を過ぎると、それまで暑苦しかったのに急に秋の気配が感じられる。陰暦の名節が季節が変わったことを教えてくれるのである。

そんなふうにして二学期目が始まった。二学期には、D先生の「韓国近代史研究（日帝〔日本帝国主義〕の朝鮮侵略と「文明化の使命」）」、E先生の「韓国近代史特講（都市史）」、F先生の「韓国の歴史（韓国近現代史）」を受講した。

1　韓国近代史研究（日帝の朝鮮侵略と「文明化の使命」）

まず、D先生の「韓国近代史研究（日帝の朝鮮侵略と「文明化の使命」）」。シラバスにはこうある。

帝国主義は文明化の使命として自分たちの植民地支配を合理化した。日帝も朝鮮を侵略、植民地化する時にこの方式を利用した。当時の朝鮮社会が近代文明の流れに反しており、多くの人々が「文明化」が否定できない価値であると考えていたために、この方式は一定程度の効果を発揮することができた。朝鮮が植民地化される時、これに協調したり黙認したりする勢力がいたことは、このためであろう。この講義はこのような過程を学界の研究成果を通して、検討・確認する。

講義は、イギリスのインド支配と中国の少数民族に対する「文明化」を議論したいくつかの英語文献の講読から始まった。共通する点は、支配者が支配する側の基準で被支配者を「劣等」とみなして「文明化」したことである。「文明化」は、生活環境を改善し、道徳や読み書き能力の向上など実生活を豊かにする「善い」ものであり、支配者は被支配社会が持つ野蛮で劣った部分を「文明化」により「改善」してあげるという「善意」「施恵」の観念である。優勝劣敗・弱肉強食の進化論やキリスト教や儒教といった宗教による理論的後ろ盾も確認された。このようなイギリスと中国を例にしたマクロ的視野から「文明化の使命」の歴史を概観した後、朝鮮に対する日本の「文明化の使命」を詳細に検討する核心へと入った。加えて、植民地支配におけるフランスの同化政策と日本の同化政策の比較にも言及された。つまり、植民地を行政区域の一つと見て本国と同じ法律を施行し、中央から派遣された官吏が統治し、また被支配者が支配者側の価値を受け入れ、一定の資格を備えた場合には市民権を与えたフランスと、朝鮮総督府が統治し、少なくとも一九三七年の日中戦争開始までは自発的に日本人になろうとする人まで排除したほど、排他的で差別的であった日本の植民地政策の対比である。

講義では韓国語の文献が中心であったが、日本語の論文もいくつか取り上げ、日本の学界における「文明化の使命」の歴史、その背景となる理論にも目が向けられた。例えば、松本三之介「国民的使命感の歴史的変遷」（『近代日本思想史講座八　世界の中の日本』筑摩書房、一九六一年）、ひろたまさき『文明開化と民衆意識』（青木書店、一九八〇年）、金鳳《キムボン》珍《ジン》「東アジア三国の『開国』と万国公法の受容」（『北九州大学外国語学部紀要』八四、一九九五年八月）などを講読した。

日本は「文明化の使命」を帯びて朝鮮を植民地支配していたため、一九一九年の三・一独立運動に大きな衝撃を受けた。そして、朝鮮総督府を中心に世論調査を実施した結果、朝鮮人の間に朝鮮の慣習を無視した威圧的な行政と民族差別への不満があることが確認された。そのため朝鮮総督府は、それまでの文明化・同化政策を緩和してよ

り漸進的な方法に改め、「同化」の代わりに「融和」を用いて内地人（日本人）と朝鮮人の「内鮮融和」を強調した。また、朝鮮人に対して無視や暴力などで威圧的な態度をとってきた在朝日本人にも反省を促し、日本人と朝鮮人の内面的な親密感の増進を重視した。一九二〇年代には朝鮮の固有文化や在来の風俗・慣習を調査し、また「模範部落」を選定して社会教化を行うなど、文明的文化支配を目指した。いわゆる「武断統治*」から「文化統治*」への転換である。一九三〇年代に入り、恐慌や日本の大陸進出によって状況が変わると、後方基地としての朝鮮の安定が必要となり、朝鮮総督府は「農村振興運動」を展開する。運動の目的は経済的な面に置かれたものの、遂行する過程で、時間厳守や衛生といった普遍的なものだけではなく、神社参拝など日本的な近代文化が強調された。つまり日本帝国主義はこの運動を通して、朝鮮の農村経済と朝鮮人の「日本化」を達成しようとしたのである（権泰檍「一九二〇、三〇년대 일제의 동화정책론（一九二〇、三〇年代　日帝の同化政策論）」『韓国史論』五三、二〇〇七年）。

先に挙げたこの講義のシラバスに、このような日本の植民地支配に「協調したり黙認したりする勢力」があったことが指摘されているが、それは「親日派」と呼ばれるような勢力だけを指すのではない。前述した「文明化の使命」を振りかざす日本帝国主義、さらには日常生活に網の目のように広がる「支配」にからめとられていく一般の朝鮮人たちも含まれるのである。そもそも「文明」は、朝鮮王朝後期に開化派が登場して以来、肯定的に捉えられており、日本の書物や日本への留学などを通して朝鮮でも積極的に学ばれてきた。しかし、植民地期にはその「文明」が朝鮮の伝統を破壊する暴力的なものとなった。「文明」が植民地期の朝鮮に数々の近代化をもたらしたことも事実であるが、その裏に隠れる植民地権力の暴力的な側面や被支配者の苦痛を見過ごしてはならない。植民地性と近代性が複雑に絡み合う中で当時の朝鮮人は生活していたのである。

同じ観点から見れば、植民地期の歴史を描く時、「敵」か「味方」か、あるいは「抵抗」か「屈従」かといった二分法では実態を描ききれないことがわかる。D先生のシラバスでいわれる「協調したり黙認したりする勢力」が、朝鮮の近代化・文明化を追求する思いから、結果として日本の植民地支配に躊躇しながらも「協力者（collaborator）」となった側面があることも重要である。むしろ、一般の生活者たる多くの朝鮮人はこちらに属し、教科書などで特筆される植民地期に亡命政府を築いたり、「抗日戦争」を展開したりして日本帝国主義に真っ向から「抵抗」した人たちは少数であっただろう。これまでの植民地期の歴史は、このような少数の人たちに正当性を置き、彼らの立場からの歴史を描こうとしてきた。一般の朝鮮人は、変革主体となる局面も確かにあるものの、多くの場合、日常の生活者としての立場を有する。この点に関しては、日本でも研究が深化し、以下のような鋭い指摘もなされている。

> 民衆について語る場合、今なお「人民闘争史」や「民衆運動史」における変革主体としてのイメージが先行しており、民衆の最も日常的な存在様態である「生活者」としての把握が充分に果たされているとは言い難い。今後、いっそう衣食住や言語を初めとするなど植民地社会における日常生活の実相と「近代」との関わりを対象とする研究が蓄積されなければならない。そして、「近代化」への期待と渇望が「規律権力としての近代」の浸透を促進する、という植民地期朝鮮におけるアンビヴァレントな関係を徹底的に解明すること、また、植民地期におけるこのような関係を通じて、現在の南北朝鮮における、知識人から一般大衆に至る広範な人々の「近代」に対する憧憬の原型が形成されたことを剔抉《てっけつ》すること、以上のような作業を通じて、「植民地近代性」に対する批判的検討の前進が可能であると信じるのである。〔並木真人「朝鮮における『植民地近代性』・『植民地公共性』・対日協力――植民地政治史・社会史研究のための予備的考察」『フェリス女学院大学国際交流研究』五号、二〇〇三年三月、一五―一六頁〕

「植民地近代（性）」論とは、「教育史、文化史、文学史、思想史等の諸領域において、植民地期における都市文化の形成、女性史、日常生活史といった多岐にわたる視角から、『近代性』そのものを批判的にとらえる視座」（三ツ井崇「朝鮮史研究における「植民地近代（性）」をめぐる議論の動向」『歴史科学』二〇六号、二〇一一年一〇月、一頁）のことを言う。今日の韓国近代史研究の中の植民地期研究は、植民地権力による抑圧・収奪・搾取といった側面に着目してきた従来の研究視角に加え、文明化・消費・欲望の問題などにも着目した研究が隆盛である。このような研究を通して、近代や文明を追い求める民衆の植民地運営への「協力」を描き出し、彼らが抱いた「希望」や「絶望」を浮かび上がらせることによって、日本帝国主義と植民地権力の実態に切り込むことができるのではないだろうか。

植民地社会の重層性、多面性、そして複雑性は一面的に描けるものでは決してないのである。

2　韓国近代史特講（都市史）

E先生の「韓国近代史特講（都市史）」は、韓国の国史研究における近代史分野がいかに細分化され、詳細に研究されているかを体感する講義であった。

この講義は韓国近代の、しかも都市の歴史だけを扱って一つの講義となるのである。韓国近代史を勉強したい者にとって、ソウル大学校国史学科がいかに贅沢な空間であるかを再認識する。

E先生の授業目標には「日帝下の京城都市化様相と今日の住民生活に及ぼす影響を理解する」とあり、実際の授業は日本帝国主義と植民地都市の概観に始まり、京城の都市発達と都市計画、さらに都市住民と都市文化にわたるものであった。植民地期の都市計画は、植民地権力の関心と施策によって都市空間に物理的な変化をもたらすため、植民地権力が朝鮮社会をどのように変化させようとしたのかを見せてくれる格好の指標となる。植民地期の京城は、一九一〇年代には王朝都市から植民都市へ、一九三〇年代には政治都市から産業都市へという転換の構想下で計画された。この間、植民地権力が遂行した都市計画区域の設定、各用途地域の指定、都心部への土地区画整理計画などによって作られた植民地都市・京城は、今日のソウルの町並みにつながる。植民地支配は終わっても、その後も残り続ける植民地支配の「遺産」について考えさせられる。

一九二〇年代にはいわゆる「文化統治」と共に植民地朝鮮の治安が安定し、京城の植民地首都化もある程度完成すると、京城にもデパート、映画館、カフェといった消費文化施設が入り始めた。それは京城が、政治・軍事的な都市から、経済・文化的な都市へと転換しつつあることを意味した。とりわけデパートは商品に対する欲望を媒介にして人間を消費する主体へと変える資本主義経済体制の核心をなすものである。植民地期においては、そこに日本帝国主義がもたらす「文明」への羨望も加わる。都市空間の変化が主体の変化を呼び起こすのである。現在、ソウル地下鉄四号線会賢《フェヒョン》駅に直結している新世界デパート本店の本館は、この時に建てられた三越京城店である。

写真10　新世界デパート本店

ここは、日本橋三越本店の建物と非常によく似た重厚な美しい造りで、このデパートに足を運ぶたび、三越本店を思い出した。新世界デパート本店の道路を挟んで向かい側に、これまた重厚で美しい建物の韓国銀行本店があるのも、三越本店のはす向かいに日本銀行本店がある日本橋と似ている。

私は三越本店が好きで日本にいる時はよく行くが、もし植民地時代に「三越京城店が好きでよく行く」と言う朝鮮人がいたら、その人は「親日派」とみなされるのだろうか。一人の生活者である私が、資本主義社会の中で欲望を刺激する消費文化の網の目にからめとられていくように、植民地期の都市に生活した朝鮮人の多くもデパートのショーウィンドウに心弾ませ、日本帝国主義と植民地権力の「支配」の網にからめとられていったことは容易に想像できる。先に挙げた「植民地近代（性）」論の研究では、学校をはじめとした規律権力がも

写真11　城郭

つ構造的な力に注目してきたが、都市史を学ぶと、都市空間の変化やそれによって生じる消費文化のヘゲモニーに取り込まれていく「欲望する主体」への着目も重要であることがわかる。

これはあくまでも都市に限られるものの、学校や工場、警察といった規律権力が浸透する場だけではなく、デパートやカフェ、映画館などでも近代朝鮮人が形成されていったのではないかということである。そうでなければ、例えば一九三〇年代の京城でデパートが全盛期を迎えることはできなかった。欧米のデパートとは異なり、日本型のデパートは遊園地や催事場を有する都市型アミューズメント施設として家族単位で余暇を提供する「娯楽の殿堂」であったが、これが京城でも受け入れられたことは見過ごせない。京城のデパートでは日本製の商品が人気を博し、また顧客の六割が朝鮮人であった丁子屋百貨店があり、さらには日本の大資本が支える三越などのデパートと互角に張り合えた朝鮮人資本の和信百貨店も存在した。都市の朝鮮人は文明を楽しみ、日本人たちが主導する空間に積極的に参画した側面ももつのである。勿論、一方で、これら文明の恩恵から排除され、時間が止まってしまったような空間にとり残された多くの朝鮮人がいたことも忘れてはならない。規律権力による画一化と文化的混在性の両面から植民地社会の多様性を論じる必要がある〔金白永「제국의 스펙터클 효과와 식민지 대중의 도시경험——一九三〇년대 서울의 백화점과 소비문화（帝国のスペクタクル効果と植民地大衆の都市経験——一九三〇年代ソウルの百貨店と消費文化）」『사회와 역사（社会と歴史）』七五巻、二〇〇七年、七七—一一三頁〕。

また、E先生のこの講義では、韓国語で「踏査《タプサ》」といわれる校外学習にも出かけた。

秋の紅葉の美しい日に、臥龍公園《ワリョンコンウォン》を出発し、肅靖門《スンジョンムン》↓北岳山《プッカクサン》↓彰義門《チャンイムン》のコースでソウル城郭をめぐった。肅靖門は四大門の一つである北大門《プクデムン》である。北岳山はソウルの主山（風水でいう、都市や家や墓の背後にありそれらの運勢に深く関わっている山のこと）で、景福宮《キョンボックン》の後ろに位置し南山《ナムサン》（ソウルの中心にある山）と対称をなす。景福宮を中心に左側の粛靖門と右側の彰義門は両肩に相当し、景福宮の二つの羽のような場所であるため、人々はここを踏み歩くと国家が危うくなるといい、交通の道にはしなかったという。粛靖門から彰義門までのこの道中でソウルの全景を一目に見渡すことができる。六〇〇年も続いてきた城郭は、植民地期に都市計画という美名のもとに壊されたが、現在は城郭周囲一八・二キロ中、一〇・八キロが復元されている。観光でソウルの南大門市場《ナムデムンシジャン》に買い物に行くことがあれば北大門にも、また光化門《カンファムン》を歩くことがあればそこから見える美しい北岳山にもぜひ足を運んでみてほしい。「踏査」を通して、最先端の現代社会とこのような歴史が共存するソウルの魅力にまた一つ触れることができた。

3　韓国の歴史（韓国近現代史）

最後にF先生の「韓国の歴史（韓国近現代史）」。この授業は国際大学院の講義であった。国際大学院の韓国学専攻の講義は、グローバル人材の育成を目指す国際大学院の目的に照らして、国史学科の講義のような韓国史学の専門家を育成するための講義というよりも、韓国についての全般的な知識を習得する韓国学（Korean Studies）の一つとして「韓国の歴史」を講義するものであった。そのためシラバスにも、「この教科目は韓国史の全体的な性格を構造的に理解することを目標とする。特に韓国文化史方面の研究を集中的に紹介することで、韓国史をやさしく理解できるようにする」とある。

実際に行われた講義も、国史学科で開講されるような細分化された専門的な議論を行う講義というよりは、韓国近現代史の重要な出来事や研究史における主要な争点をコンパクトにまとめたものであった。講義の内容は、開港期と呼ばれる一九世紀末の歴史から植民地近代の問題、南北分断や朝鮮戦争、日韓国交正常化交渉やベトナム戦争への韓国軍派遣など幅広い時間軸における多様なテーマを取り上げるものであった。講義の進め方は、様々な歴史上の出来事に対して研究史で論争となっている論点を敢えて対立軸に据え、それぞれの立場の文献を読み、講義中に受講生が各自の見解を披露するスタイルであった。研究史上の論争に受講生を巻き込み、それぞれの立場について学び理解を深めることで、受講生が一緒になって新しい韓国史を考えていくというこのスタイルの講義はとても面白く、講義方法としても勉強になり、私自身が講義をする時の参考にもなった。

F先生の講義目標には、

① 韓国近現代史に対する全般的な理解を広める
② 論争になっている分野について、なぜ論争になっていて、どのように理解しなければならないのか、検討する
③ 現在の韓国社会で問題になっている部分の原因を歴史的に接近する
④ 韓国近現代史で内在的な力と外的な力がどのように相互に衝突し、互いに融合したのかを考察する

という四点が掲げられた。先生の専門が韓国現代史であり、また韓国学で主に議論される韓国の歴史も現代史であるということから、講義の大部分は近代史ではなく現代史の議論に当てられたが、お陰で現代に続く近代史という観点から近代史を見直す良いきっかけとなった。授業における比重は必ずしも大きくはなかったものの、近代史については例えば次のような論争が取り上げられた。

韓国は植民地になるしかなかったのか?

問一　日本は一八七六年の開港期から朝鮮を植民地化しようとしたのか？　あるいは、自分たちが植民地になることを防ぐために仕方なく朝鮮を植民地化するしかなかったのか？
問二　韓国の近代を担当することができる勢力は誰であったか？　甲申政変の開化派？　高宗と朝鮮政府の官僚たち？　甲午農民戦争の指導部と農民たち？
問三　高宗の光武改革についてどのように考えるか？

まず、問一の「一八七六年の開港期から朝鮮を植民地化しようとしたのか？」という問いに対して、一八七六年に日本と朝鮮が締結した日朝修好条規以来、日本が朝鮮を侵略しようとしていたという観点から歴史を見る議論は、日本の帝国主義支配を批判する文脈で度々提示される。しかし、この見方は、朝鮮自らも中華を自負する考えを持つほどに維持・継続させてきた中華世界に対する過小評価と、明治日本に対する過大評価という問題をはらむ。

前述したように、田保橋潔の『近代日鮮関係の研究』は、開港から日清戦争までの日本と朝鮮の関係を、日本と朝鮮の二国間関係だけではなく、朝鮮の宗主国である清朝をも交えた三国の関係を軸に議論している。一八九五年に日清戦争で日本が清朝に勝利し、下関条約を締結するまで、朝鮮は清朝と公的・法的に宗属関係を有していたためである。繰り返しになるが、宗属関係とは近代的な宗主国と属国の関係ではなく、宗属関係の基礎となる「事大」とは清朝の言いなりになることではなかった。儀礼や形式を主として運用される宗属関係は、近代的な支配・被支配の観点から見れば曖昧なグレーゾーンが大きく、清朝と朝鮮の双方が自らにとって都合のよい解釈ができる余地があった。それゆえ、朝鮮は清朝から冊封を受けて朝貢をしながらも、漢族の王朝である明朝の滅亡後は、中華の正統は清朝にではなく朝鮮にあると考える「小中華思想」「朝鮮中華主義」を有していたし、またそれほどに朝鮮にとって中華という存在は大きな意味を有していた。日朝修好条規を、国際法に基づいた近代条約に位置づける日本と異なり、朝鮮が従前の「交隣」の改編と捉え、その延長上に位置づけたのもそれゆえである。

他方、清朝は急激に変化する国際関係への対応として、朝鮮に欧米諸国との条約締結を勧め、その結果、一八八二年の朝米修好通商条約締結を皮切りに朝鮮は「開国」を進めていくこととなる。この時、清朝は朝鮮国王に「朝鮮は中国の属国であり自主である」ことを記した外交文書を締結国の元首宛に送らせ、朝鮮が中国の「属国」であることを欧米諸国に示そうとした。他方、朝鮮は、この外交文書にある朝鮮は「自主」であるという点を重視して解釈した。さらに清朝は、同じ一八八二年に朝鮮と商民水陸貿易章程を締結し、章程の前文で朝鮮は長く中国の藩邦に列していることや、この章程は中国が属邦を優待する意で結ばれたことなどを記し、これまでグレーゾーンが大きかった宗属関係を近代の条約に倣って明文化し、解釈の余地を狭めようとした。

そのような朝鮮の立場・考えを踏まえ、日本も朝鮮と外交をする際は清朝との関係に気を配り、日朝交渉では宗属関係が戦略的に活用される場面もあった〔李穂枝『朝鮮の対日外交戦略――日清戦争前夜一八七六―一八九三』法政大学出版局、二〇一六年〕。また日清開戦過程の解釈についても、日本政府が朝鮮・清朝への武力侵略を国家目標として固めて開戦に持ち込んだとする従来の研究に加え、日本政府は開戦の直前まで対清協調をとる東アジア政策を展開し、開戦前夜の朝鮮出兵段階においても開戦は意図しておらず、開戦はいわばなし崩し的に行われたという指摘もなされている〔高橋秀直『日清戦争への道』東京創元社、一九九五年〕。

この点、福沢諭吉の「脱亜論」についての研究史における解釈の変遷も重要な鍵となる。「脱亜論」とは、一八八五年三月一六日の『時事新報』の社説で、「我国は隣国の開明を待て共に亜細亜を興すの猶予ある可らず、寧《むし》ろ其伍を脱して西洋の文明国と進退を共にし、其支那朝鮮に接するの法も隣国なるが故にとて特別の会釈に及ばず、正に西洋人が之に接するの風に従て処分す可きのみ。悪友を親しむ者は共に悪名を免《まぬ》かる可らず。我れは心に於て亜細亜東方の悪友を謝絶するものなり（ここでの「処分」とは「対処」という程度の意味である〔青木功一『福澤諭吉のアジア』慶應義塾大学出版会、二〇一一年、四頁）〕」と締めくくられる内容である。この福沢諭吉の「脱亜入欧」を唱える「脱亜論」は、日本の朝鮮植民地化を唱えているわけではないにもかかわらず、福沢のアジア侵略論への転換を示す論説と理解されてきた。しかしその後の研究で、「脱亜論」は、福沢が支援してきた金玉均ら朝鮮開化派が主導した甲申政変（一八八四年）が失敗したことを受けた「状況的」な発言であり、福沢の日本は武力を用いてでも朝鮮を「文明」化させ「独立」を維持させなければならないという「朝鮮改造論」の放棄に過ぎないという理解が通説になった〔坂野潤治『近代日本とアジア――明治・思想の実像』ちくま学芸文庫、二〇一三年、第一章〕。

甲申政変とは、朝鮮の「開化派」と呼ばれる一部の両班の出身者が、朝鮮王朝後期の実学研究の延長上に西洋の文物に関心を持ち、日本の明治維新に倣い近代化改革を目指した政変である。福沢は開化派を物心両面で支え、開化派も福沢の説く朝鮮の近代化構想を共有した。しかし、前述したように、田保橋潔が開化派を「独立党」と呼び、開化派が打倒対象とした政府官僚たちの政策を「清韓従前の関係から見れば当然であり、当時に於て最も健全な政策と考へられて居た」と論じたように、当時の朝鮮で開化派の政策が受け入れられたとは言い難かった。

近年では朝鮮史研究においても「脱亜論」の研究が深められている。月脚達彦は、「脱亜論」が福沢の「アジア侵略論」ではなかったと見る点では坂野潤治の見解を引き継ぎつつも、「脱亜論」執筆時点で福沢は「朝鮮改造論」を諦めておらず、それを諦めた時期は「脱亜論」ではなく、イギリスがロシアとの対立を背景に朝鮮の巨文島を占拠した後で、「朝鮮人民のために其国の滅亡を賀す」を執筆した一八八五年であるとの見方を示す〔月脚達彦『福沢諭吉と朝鮮問題――「朝鮮改造論」の展開と蹉跌』東京大学出版会、二〇一四年、八〇―八五頁〕。

イギリスによる巨文島占拠は一八八五年に行われたが、その直前に日本と清朝は甲申政変の善後処理として天津条約を締結していた。この条約では、日清いずれかが朝鮮に派兵する際には事前に互いに通知すると定めるなど、条文上は日清が朝鮮に対して対等な地位にあることを示した。しかしこれは表面的なもので、実質的には清朝の朝鮮に対する「宗主国の権利」は保持され、直後に発生したイギリスの巨文島占拠に関してはその撤退に至るまで「宗主国」として清朝がイギリスとの交渉に当たった。つまり日本は、天津条約の条文で示された日清の対等性とは裏腹に、朝鮮における清朝の優位の現実を見せつけられた格好になった。

福沢が朝鮮問題に関わり始めた頃、朝鮮政府は必ずしも「独立」を望んでおらず、福沢のもとに集い朝鮮の「独立」を唱えた朝鮮人政客や留学生が政府によってことごとく酷刑に処せられた状況下で、朝鮮の「独立」と「文明」化を掲げて開化派を支援すれば、いいかえれば、福沢は彼らに対する「政治的恋愛」の情が強ければ強いほど、朝鮮政府と「宗主国」清朝に対して激越な批判を加えることになる。そのような「状況構造」を把握した上で福沢諭吉の「脱亜論」は理解されねばならないと論じられる（月脚達彦、前掲書、一五頁）。

次に、問二の「韓国の近代を担当することができる勢力は誰であったか?」は、朝鮮の近代化をどのように見るのかという点で、問三の「高宗の光武改革についてどのように考えるか?」とも関連する問いである。

韓国の近代を担当できる勢力について、植民史学によって定義された朝鮮の「他律性」「停滞性」を克服しようとした「内在的発展論」の研究では、朝鮮近代の中にも世界史的発展過程を見出そうとし、前述した甲申政変を「ブルジョア改革」（ただし、研究者によって様々な留保がつけられている）であったとして、開化派を評価してきた。これらの研究の出発には、社会主義革命を成し遂げようとする北朝鮮で、金日成が中国の戊戌政変や日本の明治維新に並ぶ改革に朝鮮の甲申政変を位置づけようとした経緯がある。

しかし開化派が有した階級的制約や日本との関係性ゆえ、その限界が指摘されるようになると、近代化を資本主義的変革ではなく民衆的変革である「下からの近代化」に着目して、反封建を掲げた甲午農民運動（一八九四年）に関心が注がれるようになった。そして、民族主義も近代的変革の担当者である民衆勢力を基盤において成立するという「民衆的民族主義」という見方が提示された。ただ、甲午農民運動は「甲午農民戦争」と称するほど高く評価された一方で、それらが高宗・閔氏政権の要請を受けて出兵した清兵によって鎮圧された事実、つまり当時の朝鮮の政治・外交を大きく規定していた宗属関係の実態については理解が深められることはなかった。

一九七〇年代に入ると、大韓帝国（一八九七年成立）の性格をめぐる「光武改革論争」が韓国史学界を席巻した。「光武改革」とは、一八九七年から一九〇七年までの「光武」年間に、朝鮮王朝最後の王・高宗の皇帝即位により成立した大韓帝国政府が行った政策のことで、この時に行われた土地調査事業や漢城都市整備事業、殖産興業政策や皇室財政の拡充などが、国家の独立と近代化を志向していたというものである。それまでの研究では、一八八四年の甲申政変と、一八九四年の日清開戦過程に日本政府が関与して行われた甲午改革を継承・発展させたところに位置づけられる独立協会（一八九六年結成）こそが朝鮮の近代化を成し遂げる主体として高く評価されてきた。独立協会が主導した議会開設運動は、諸外国の民主主義・立憲主義に基づいたもので、韓国初の民衆による民主主義運動として理解されたためである。同時に、独立協会の運動を通して日本やロシアといった外国勢力を後退させ、勢力均衡を形成して独立を維持しようとしたとも見られた。そのような独立協会を解散に追いやったのがまさに大韓帝国政府であり、かつ大韓帝国にはロシアの影響力が強かったため、大韓帝国は「守旧反動」「親露守旧」政権として長く否定的に位置づけられていた。それゆえ「光武改革論争」は、独立協会の活動に見られる近代的な改革を評価する研究と、それを弾圧した大韓帝国政府が行った近代的な改革を評価する研究の間で生じた論争ということになる。換言すれば、近代化の指標は資本主義社会の達成と近代的国民国家の創出にあり、どちらの主体がそれを達成できたかという点に関心が集まったと言える。

「光武改革論争」が起こった一九七〇年代には、大韓帝国政府を評価こそすれ、皇帝に即位した高宗についての評価・注目はなされなかった。高宗は、自身の幼少期に排外主義を掲げたカリスマ的指導者である父・大院君と聡明な妻・閔妃の後ろに隠れて、優柔不断な亡国君主として描かれてきた。しかし一九九〇年代後半、そのような高宗像は日本の植民史観による歪曲で、高宗を朝鮮近代の改革主体であり核心であると位置づける研究が登場した。開明君主としての高宗の再発見である。改革の近代志向性ではなく民族主義性を重視するこの研究は、「光武改革論争」を新たな次元に移し、皇帝権を強化し専制君主を目指した高宗の政策に対して、人民による一定程度の共感があったからこそ大韓帝国はいくつかの政策を成し遂げることができたと指摘した。ただ、開明君主として高宗を位置づけるためには、高宗が親政以後に行った各種政策の遂行程度や国内政治における各党派の役割や状況、そして日清戦争まで朝鮮の政治・外交に大きな影響を与えた清朝との宗属関係について、高宗がどのように考えていたのか、丁寧に見直す必要がある。例えば、日本や中国の政治・外交史研究は精確で緻密な実証を重ね、世界レベルの研究成果を生んでおり、これらの研究成果との対話が、今後、韓国近代史研究のさらなる発展に有益な刺激となると思われる。

4　留学生活②

韓国の冬は「三寒四温」と言われる。三日間寒くて、その後の四日間が暖かい。そうしてやがて春を迎える。しかし、二〇一〇年から二〇一一年にかけての冬はとても寒く「三寒四寒」とさえ言われた。三日間寒くて、続く四日間も寒い、というわけである。

ソウル大は山の中にある。私の所属する人文大学の校舎は山の頂上にあり、私の住まいである外国人研究者用寄宿舎は山のふもとにあった。つまり、毎日が登山であったのだが、冬はその道が凍る。雪国育ちであればなんてことないかもしれないが、私には、毎朝凍った道をペンギンになったような気持ちでヨチヨチ歩いて講義に行くのがとても大変だった。また、ベランダも一つの部屋のようにして使用する韓国では、ベランダにキムチなどを保存する甕などを置いたりするが、寄宿舎のベランダには洗濯機が置いてあった（写真13）。そのため、雪の降った翌日な

写真13　寄宿舎のベランダに置かれた洗濯機

写真12　道路が凍結して寄宿舎の前でバスが運休となった様子

どは洗濯機に繋がる水道が凍って使えなくなったことがしばしばあった。

私が暮らしていた寄宿舎は、個室内にキッチンやシャワー室が備え付けられてあり、比較的快適に生活できた。しかし、浴槽がなかった。韓国人学生用寄宿舎もシャワーしかなく、どうやら寄宿舎以外でもワンルームの場合は浴槽がなく、シャワーのみというのが一般的なようだった。そのため、冬場は温かいお風呂が恋しかった。

そんな時、同じ研究室のMオンニ（お姉さん、韓国語では目上の人に対して親しみを込めてお兄さんやお姉さんと呼ぶことが多い）と一緒に、チムジルパンと呼ばれる大衆浴場に行くのがとても楽しみであった。大衆浴場といっても、チムジルパンにはお風呂（お風呂だけでも三種類ほどあるのが一般的である）以外に、アカスリ、汗《ハン》蒸幕《ジュンマク》（松の木とクヌギの木をバランスよく配合して窯を焚き上げるサウナ）、マッサージ、エステなどが揃っている。ここで体の芯から温まり、マッサージで日ごろの疲れを癒やし、帰りに美味しいごはんを食べて帰った。そして何より、留学生の私を気にかけてくれるMオンニの気持ちが暖かく、嬉しかった。

三　挑戦（二年目一学期：二〇一一年三月～八月）

膨大な課題に期待と不安を抱えながら始めたソウル大学校での大学院生活も無事に一年を終えることができた。昔、ある先生が留学は最低でも一年間しなければならないと言っていた。一年いることで季節の移り変わりやその国の文化・イベントをすべて経験できるからという理由だった。当時は留学に興味がなかったので、聞き流したが、自分が一年間の留学をしてみてその意味がよくわかった。一二か月の月日を一つ一つ体感する中で、その国がわかり始める。花々が咲き乱れる春、暑い夏、美しい秋、凍結の冬、そして名節や記念日・祝日などを体験して、一年経ってようやく韓国についてわかり始めた。同様に、ソウル大学校国史学科の雰囲気についてもだいぶ掴めてきた。

最初はあたふたしていた講義にもだいぶ慣れ、毎週の講義で課される韓国語のレポートも、研究室のみんなのサポートのお陰でなんとかこなせるようになっていた。そのため、二年目の春は何か新しいことにチャレンジしたい、と思うようになった。そこで、国史学科以外の学科で行われる講義や、他の大学で行われる韓国史の講義を受けてみようと決意した。同じ韓国にいながらも、ソウル大学校国史学科を敢えて外から見てみたいと思ったのだ。国史の枠を出て、他の専攻からの韓国史を学んでみたり、別の大学に行ってみれば、そこからもっと幅広い議論ができるかもしれない。

そんな思いから、二年目の一学期には、次の三つの講義を履修した。

ソウル大学校社会科学大学経済学部のG先生の「韓国経済史研究」、人類学科のH先生の「歴史人類学」、そして高麗大学校韓国史学科のI先生の「韓国近代史特殊研究（一九世紀の国際関係史）」である。

1　韓国経済史研究

これまでに述べたように、国史学科での韓国史研究だけをとっても、様々な分野について色々な視角・観点からの研究が行われ、時にそれが論争に発展するほどのぶつかり合いをしながら、韓国史研究は発展してきた。一九八〇年代半ば以降から、経済史学界を中心に、国史学界がこれまで提示してきた「内在的発展論」、さらにその先にある「収奪論」と対立する、新しい見方が提示された。「収奪論」とは、日本帝国主義が朝鮮を植民地にして土地や米、労働力をはじめあらゆるものを「収奪」したために、内在的に発展（近代化）する機会を奪ったという見方である。それは、植民地期における「収奪と抵抗」という構図になる。これに対して経済史学者が中心となって、植民地時代における各種の生産統計・貿易統計・財政統計などから一九一〇年から四〇年における朝鮮の経済が成長したことを明らかにし、そうした経済成長にともない一次産業から二次産業を中心とする産業構造の変化が生じたことも明らかにした。つまり、植民地期の「収奪」だけではない「成長」した側面をデータによって提示したのである［李栄薫著、永島広紀訳『大韓民国の物語――韓国の「国史」教科書を書き換えよ』文芸春秋、二〇〇九年、八八―一〇三頁］。

これは「植民地近代化論」と言い、内在的発展論が提示した朝鮮王朝後期の資本主義萌芽論を実証不足と批判する。朝鮮近代化における外国勢力＝日本帝国主義の影響力を指摘するこの議論は、親日的要素を合理化し植民地期を美化する結論に陥りかねないため、国史学界の議論と対立していた。同時に、それは一九八〇年代の韓国社会の成長の反映でもあり、それだけ植民地期を客観的に分析することができるようになった社会的状況を示すものでもあった。

写真14　ゼミではよく登山をした

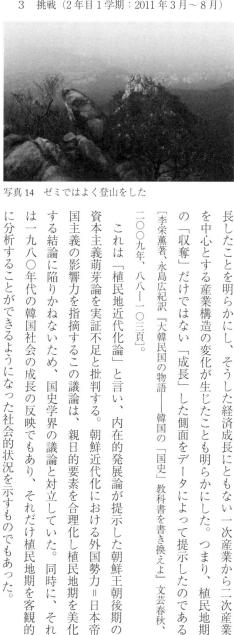

一方、「植民地近代化論」に反論する立場からは、「植民地近代化論」は近代を資本主義が形成・発展していく時期であるという見方をするため、一九三〇年代の工業化・資本主義化に着目するが、しかし、この時期の近代化は日本人による日本人のための近代化であり、朝鮮民族が主体とならない状態での経済成長を経済学の論理だけに依拠して説明することはできないという批判がなされた（許粹烈著、保坂祐二訳『植民地朝鮮の開発と民衆――植民地近代化論、収奪論の超克』明石書店、二〇〇八年）。これに対して、「植民地近代化論」の立場からは、植民地期朝鮮の経済成長を日本人資本が主導したことは事実であり、民族間の所得格差が広がったことも事実であるものの、他方で、朝鮮人の平均所得が増大したことも事実であると指摘し、議論が続いている。

一九九〇年代後半には、主にアメリカの韓国学から、「収奪論」も「植民地近代化論」も「近代」を「善」として達成目標としている点で変わるところがないという批判が出され、植民地性と近代性の両方に着目した先述した「植民地近代（性）論」の研究が登場するようになる。従来の研究が主に扱ってきた軍事や政治・経済は植民地支配体制が終われば共に終わる（断絶する）性格をもつのに対して、文化や人々の意識を扱うことで、植民地支配体制が終わっても継続する負の遺産に着目した議論を展開した。

「植民地近代化論」は、「植民地近代（性）論」の登場によって韓国史学界での主流論議の座を奪われたかのように見えたが、形を変えて韓国社会で大きな議論を巻き起こすこととなった。二〇〇〇年前後に登場した、「ニューライト」と呼ばれる、韓国史を新しい見方から見ようとする勢力がそれである。新しい見方とは、従来の立場である、朝鮮民族の主体性を軸に日本帝国主義に抵抗した歴史を描く民族主義的立場とは一線を画し、朝鮮を取り巻く国際秩序の変化に着目しながら、個々の人間から韓国の歴史を描こうとする見方である。そのようなニューライト言説の先頭に立っていた一人がG先生であった。もともとG先生は、内在的発展論が朝鮮社会を地主的封建制と規定することに対して、数量的データを駆使して朝鮮王朝後期に資本制的要素を探すことは不可能であり、朝鮮王朝後期の社会は資本主義の萌芽ではなく小農社会の成立だとし、国史学研究が植民史学を克服した輝かしい成果である内在的発展論に批判的立場をとっていた。そして、小農社会の発展は植民地経済と共存し、植民地期工業化が始まる一九三〇年まで続くという見解を提示していた。G先生の研究の特徴は厳格に数量化したデータに基づく徹底した実証研究であるが、今学期の講義である「韓国経済史研究」には次のような趣旨が掲げられた。

「植民地韓国の自己認識」

植民地期に韓国人たちは自身の社会的存在をどのような原理で理解していたのだろうか。大きく言えば、伝統から受け継いだ性理学的人間理解、開化期に海外から入ってきた自由主義的人間理解、そこに被植民地経験と伝統が合わさった歪んだ民族主義的人間理解、さらにロシア革命の波動を受けたマルクス主義的人間理解が角逐していたということができる。植民地期の韓国人たちは自身のアイデンティティーに混乱した。その混乱は現在までも続いている。植民地期の歴史について、収奪論、近代化論、近代性論などの見方で対立があることも、事実認識の違いというより韓国人が経験してきたアイデンティティーの混乱なのかもしれない。今学期の韓国経済史セミナーは、この問題をテーマに選んだ。四つの人間理解すべてを扱うことは難しいので、自由主義と民族主義の移入、形成、伝統との調整に焦点を当てる。

講義は、各講で次のようなテーマが掲げられ、文献を講読した。

①　植民地近代化論争
②　自由主義の移入と措定

③ ある自由主義者の内面
④ 自由主義の政治学
⑤ 自由主義の様相
⑥ 民族主義の形成
⑦ 民族主義の発展
⑧ 植民地近代の諸相
⑨ 戦時期の諸相
⑩ 伝統性理学の動向

講義の最終回「伝統性理学の動向」を議論する際、李栄薫の論文「성리학 전통에 비친 대한민국의 건국（性理学の伝統に映る大韓民国の建国）」（『精神文化研究』第三二巻第二号、二〇〇九年）が取り上げられた。これは、植民地期から解放後にかけて農村で暮らした二人の儒生の日記を通して、解放後の「民主」と「共産」という対立構図に地域・個人が有する伝統の偏差がどのように作用したかを見ることで、民族主義と伝統・儒教との接合問題に取り組んだ論文であった。その中で李栄薫は、「民族」概念を近代的産物とする見方に対し、植民地期の農村に暮らしたこの二人の日記からは、反日感情の高まりは読み取れても、民族意識の高まりは確認できない、それどころか、「民族」という単語すら観察されないと指摘する。そうして民族主義に基づく韓国の歴史認識を痛烈に批判するのである。先生の講義は経済学部の授業でありながら、「数字」を用いず、どちらかといえば思想史研究に近かったが、「実証」を徹底しようとする立場には感服した。

先に履修した史学史の講義で、韓国の国史学は「民族史学」と「社会経済史学」と「実証史学」の三本柱を基軸にして発展したことを学んだ。また、留学して一年が経ち、韓国社会で「ウリ（私たちの）」という言葉が頻繁に使われていることが気になり始めていた。「ウリオンマ（うちの母）」や「ウリチップ（我が家）」だけでなく、「ウリクァ（私たちの学科）」に始まり「ウリトンネ（うちの町内）」から「ウリナラ（我が国）」に至るまで。私が流暢な韓国語を話すと「ウリマル（私たちの言葉）、上手ね」と褒められる。講義中に韓国の歴史のことを「ウリヨクサ（私たちの歴史）」と言う先生も少なくなかった。民族史観のない歴史は「ウリヨクサ」にはならないのだろうか。

勿論、こうした民族を重視する背景には日韓の歴史がある。「民族」という集団意識は植民地期において確固たるものとなった。日本帝国主義の植民地支配から朝鮮民族が「自由」になるために「民族主義」は大事な要素であった。ただ、「ウリ」の外にいる私は、そんな韓国の歴史をどのように論じればよいのだろうか。単なる「外国史研究」とは言えない朝鮮史研究に取り組む難しさを改めて感じた。

2　歴史人類学

人類学科のH先生の「歴史人類学」の講義は、このような韓国の「民族主義」への気づきをさらに深めることとなった。

H先生は日本人の先生で、日本の大学での教員生活を終えてソウル大学校にいらっしゃっていた。先生は日本語ネイティブであるが、講義は勿論、韓国語。そして文化人類学の先行研究のほとんど、すなわち課題文献のほとんどは英語であった。そのため、日本語ネイティブの先生と英語で書かれた文献について韓国語で議論する、という何とも不思議な講義となった。

ただ、私は留学から一年が過ぎたこの頃になると、さらに手を広げて韓国語で韓国語を教える教師を養成する韓国語教師養成講座を受講して、日本語でも知らない言語学の専門用語のシャワーを浴びたり、研究室の先輩・友人と連れ立って、講義の空き時間にソウル大学校構内にある大学附属の語学学校で中国語講座を履修したりしていた。だから、言語に関しては「なんでも来い！」という状態になっていた。

H先生は文化人類学を専門とし、韓国文化・社会に今も残る「族譜」と呼ばれる家系記録研究の第一人者であり、文化人類学と韓国史学を結びつける新しい研究の先駆者である。歴史学と異なるところは、文化人類学はフィールド・ワークという現地調査を基本とする学問なので、先生が一九七四年から七五年に行ったという韓国の農村での現地調査の話はとても新鮮で面白かった。

H先生の講義で取り上げられる「族譜」「氏族」「本貫」「門中」「祭祀」などといった言葉は、今日の韓国社会でも用いられており、韓国社会を理解する上で重要な要素である。例えば、留学中、「今日は祭祀《チェサ》があるから早く帰るね」という言葉をしばしば聞いた。この場合の「祭祀」は、親族の命日で、夜（本来は夜中）に親族が集まって霊を弔う儀式を行うことを意味する。また、旧正月や秋夕の名節にも親族が集まりご先祖様に挨拶をする。

こうした祭祀で集う親族組織の特徴には、（一）徹底した父系血縁原理に基づき、（二）系譜関係の認知がきわめて深い世代深度をもつと同時に、一つの系譜に含まれる人の数が膨大で、かつその人々が全国に散居しており、（三）その人々による全国的規模の組織が存在することなどがある。よく韓国では「南山から石を投げれば、金・李・朴の誰かに当たる」と言うほど、韓国人の姓には金さん・李さん・朴さんが多い。しかし、金さんならば、すなわち同姓ならば皆同じかというとそうではない。本貫と呼ばれる血族の最初の祖先（始祖・入郷祖）が居住していた土地の地名（多くは高麗時代後半の地名）と、姓が同じ（同姓同本）で初めて同じ「氏族」となる。つまり金さんでも「安東」という地を本貫とする「安東金氏」と、「金海」という地を本貫とする「金海金氏」は違う金さんなのである。そしてさらに、同じ氏族の内部でもいくつかの分派に分かれ、それが社会集団として組織化されると「門中」あるいは「宗中」となる。全国どこに住んでいても同じ祖先の血を引く親族（一家）であるという意識は、一方では「族譜」

の形で具体化し、他方では親族としての行動の組織として各種の「門中」を出現させている［嶋陸奥彦『韓国社会の歴史人類学』風響社、二〇一〇年、二七一二八頁］。

「族譜」は一五世紀半ばに誕生し、一八世紀頃に今日普及している形式に発展したもので、ある一人の個人もしくはその家族を中心とした系譜ではなく、その個人が属する氏族集団全体もしくはその氏族内の一派の合同系譜である。「族譜」には、名前・生年・卒年・墓の所在地・配偶者の姓と本貫などが記され、それが「祭祀」を行うための記録であることがわかる。

「族譜」が形成される以前から朝鮮には様々な家系記録があった。作成する人が自身の家系を直系に限定して明らかにする系譜は「家乗」と呼ばれ、「内譜」と「外譜」の二つの部分で構成される系譜は「内外譜」と呼ばれる。「内譜」は、「家乗」と同様に作成者が父系の直系先祖を明らかにするもので、「外譜」は「内譜」に表れる歴代の先祖の配偶者が所属する氏族の初祖からその配偶者に至るまでの系譜を同様の形式で記録するものである。また、「八高祖図」は、自分を起点として自分の祖先を父系と母系の両方の方向でさかのぼって探していく系譜である。今日の「族譜」と違って、これらの家系記録の特徴は、自分を中心に祖先をさかのぼっていることと、父系と母系に同等の比重が置かれていることである。「族譜」の歴史を研究すると、「檀君神話」のようにある一人の始祖を設定し、そこから人々が無数に派生していくという考え方は、一八世紀になって登場したものであるという。つまり、一八世紀以前には父系と母系の両方を同等の比重で考えていたことから、韓国の血統を重視する考え方は、父系を重視するようになる一八世紀以降に生じた観念ではないかと考えられるのである。このような「族譜」に基づく社会集団概念は、同時期の東アジア世界のそれと一定の距離をとりつつ、朝鮮社会の実情に即して独自に展開し実践されていった。

これらの講義を受講して、朝鮮において近代に移入された「民族」概念は、既存の「族譜」に基づく社会集団概念との融合の上で発展したのではないだろうかという新たな問いが浮かんだ。文化人類学から韓国歴史学に橋を架ける講義を受けながら、歴史学を専門とする私は韓国歴史学から文化人類学を眺めていた。また一つ、韓国近代史を新しい視点から捉えることができた。

3　留学生活③

一八世紀以降に生じた韓国の血統で父系を重視する考え方は、留学中にしばしば実感した。「族譜」の生成と密接に関わっている「祭祀」において、男女の役割分担は明白である。女性はご先祖様にお供えする食べ物をひたすら台所で料理し、男性はご先祖様の前で「お参り」の儀式をする。

留学中、秋夕の三連休の三日目にチムジルパン（大衆浴場）に行ったら、いつもはそんなに混んでいないチムジルパンが、その日に限って「アジュンマ（おばさん、結婚した女性のこと）」で溢れかえり、空きロッカーを見つけるのすらやっとという出来事があった。その時、「祭祀」で韓国女性がいかに疲れ果ててしまうのか、驚き知った。

男女のあり方についての考え方が変化していると言われる都心のど真ん中にある光景がそのような状況なのだから、地方の女性はいかほどなのだろうか。私が属している大学という場では、少なくとも学問を学ぶ立場においては、男女の違いや差別などを感じることがほとんどないため、余計に驚きを感じたのかもしれない。

というのも、国史学科の研究室の構成員は、ほぼ男女比率が半々であったし、ソウル大学校全体で見ても女子学生の比率は約四割に達していた。これは、東京大学の女子学生の比率が約二割で、二〇一六年に東京大学が地方出身の女子学生の数を増やそうと家賃補助をすることを決めるような状況と比べれば、かなりの数字である。日本では、今ではだいぶ少なくなってきたが、それでもなお「男子は四大、女子は短大」という考えを聞くことがある。しかし、韓国でそのような考えを聞くことはほとんどない。韓国では「男子であれ女子であれ勉強することは良いことだ」という考えがあり、地方出身の女子であっても、目指すことができるならソウル大学校、あるいはソウルの大学を目指す。

ただし、女性教授の比率になると、東京大学もソウル大学校も似たような数字となる。ソウル大学校で講義を受けながら、これには疑問を感じていた。男子とほぼ同数いた博士課程を修了した女子学生は一体どこへ行ったのか？

秋夕の三日目のチムジルパンは、それに一つの答えをくれた。また、ある非常勤の女性講師が「子どもの学校の送り迎えがあるから、この働き方が一番いい」と言ったことや、私が通っていた延世大学校の韓国語学堂（大学附属の韓国語学校）には一〇〇人近い韓国語教師がいたにもかかわらず、その九割以上が女性という異様な性比であったことなども思い出された。仕事と家庭・育児を両立するためには、役職に就かず自分が担当する授業を終えると妻や母の役割に戻れる教師という立場が適しているというわけである。

たとえ男女ほぼ同数がソウル大学校に入っても、結婚をしたら女性は「祭祀」でチヂミを焼き、子どもが生まれたら子どもの生活（教育）を中心に一日の予定を組み立てる。韓国で「シンデレラ」ならぬ「エデレラ（子どもを迎えに行く）」という言葉があるものそのためだろう。韓国の仕事をもつ母親は子どものお迎え時間までに「お城」（職場）を出なくてはならないのである。そんな韓国の女性は、「お城での生活」と「魔法がとけた生活」をどのように考えているのだろうか。

「族譜」についての学びを通して、現在と未来の韓国社会についても思いをめぐらせた。

4　韓国近代史特殊研究（一九世紀の国際関係史）

最後に、高麗大学校韓国史学科のI先生の講義「韓国近代史特殊研究（一九世紀の国際関係史）」について述べてみよう。

ソウル大学校に入学したのになぜ高麗大学校の講義を履修しているのか。

韓国留学で最も驚いたことの一つに、ソウル大学校はほとんどの国内にある他大学での単位互換を認めているということがある。様々な制約はあるものの、学期が始まる前に手続きをすれば、釜山や済州島にある大学で講義を受けることも可能である。日本にはないそんな素晴らしい制度を知った私は、利用せずにはいられなかった。そしてソウル大学校国史学科と並んで韓国史研究が非常に活発な高麗大学校韓国史学科の講義を履修することにした。

その時のI先生の講義は、前年の二〇一〇年が韓国併合一〇〇年目に当たったために、韓国や日本で数多くの学界やシンポジウムが開かれていたことを受け、それらの場で行われた様々な議論を踏まえ、研究動向や問題点、今後の研究方法について議論を行うものであった。

取り上げられたテーマは次のようなものであった。

①　植民主義と植民責任
②　国権喪失の内在的要因
③　国権喪失の対外的要因と政治指導勢力の認識
④　一進会の合邦論
⑤　韓国併合、その歴史と課題
⑥　併合条約の不法性問題
⑦　強制併合一〇〇年の回顧
⑧　韓国併合の世界史的認識（国際法関連）
⑨　韓国併合の世界史的認識（言論の認識）
⑩　在韓日本人の動向と日本言論の併合認識
⑪　併合前後の経済問題

⑫　併合に関連する人々

韓国近代史を専攻する私が、韓国併合から一〇〇年目に当たる年に留学し、その翌年に韓国近代史研究の流れを振り返るこのような講義を履修できたことは幸運だった。さらに、高麗大学校韓国史学科のゼミはソウル大学校国史学科のゼミと色々な点で違っていて、学風の違いを感じることもできた。

高麗大学校韓国史学科のゼミは、何よりも学生間の議論がとても活発であった。ソウル大学校国史学科のゼミでは課題文献に対する自分の意見を「討論文」にまとめて講義の最初に提出したが、高麗大学校韓国史学科では講義日の前日までに提出を求められた。そしてゼミの発表者は前日までに提出された皆の「討論文」を事前に読み、準備しておいた発表文に、皆の討論内容を加えて議論を組み立て直した。司会者も同様の準備をした。さらに発表者は、先生が指定する課題文献以外にも、自分の発表・討論に必要と感じた文献があれば皆に連絡をして、受講生は発表者が指定する文献も読み込んで授業の準備をした。そのため授業では、発表者、司会者、受講生の皆が、準備の整った状態で踏み込んだ議論が行われた。そして、授業後には、場所を教室から居酒屋に移して、続きの議論をした。

また、高麗大学校韓国史学科には、私が研究している一九世紀末（一八八〇年代前後）を研究している大学院生が多かったことも議論を楽しめた要因であった。一言で「韓国近代史」と言っても、朝鮮王朝時代、大韓帝国期、そして植民地期では、それぞれの政治・経済状況は勿論、扱う史料や研究方法などが異なる。言ってみれば時代の雰囲気が違うのである。さらにI先生も講義でおっしゃっていたが、私が研究している一八八〇年代だけをとっても、一年一年で国内状況も朝鮮を取り巻く国際関係も刻々と異なる。例えば一八八〇年代前半と後半では時代状況が異なり、同じ視点で見ることが難しい。そのような中にあったため、比較的近い時期を研究する仲間に出会えたことは一生の宝となった。

5　留学生活④

韓国には「ＳＫＹ」という言葉がある。ソウル大学校（Seoul National University）、高麗大学校（Korea University）そして延世大学校（Yonsei University）という韓国の名門トップ三校の頭文字をとった言い方である。三校はそれぞれ学風も違って面白い。留学中に友人から聞いた話には、「お金があれば、ソウル大生は本を買い、高麗大生は酒を買い、延世大生は服を買う」とか、「彼女が『寒い』と言ったら、延世大生は自分が着ているジャケットをかけてあげ、高麗大生は自分の体で温めてあげ、ソウル大生は『僕も寒い』と言う」などというジョークがあった。私は、延世大学校の韓国語学校にも通って延世大学校の雰囲気もなんとなく知っていたので、今回、高麗大学校のゼミを受講して高麗大学校の雰囲気を知り、三校の学風の違い、それぞれの良さを知ることができた。

また、高麗大学校では四月一八日は「休講日」であった。一九六〇年の四月一九日は、当時の李承晩大統領の独裁に国民の不満が高まり、「李承晩大統領退陣」や「民主主義」を掲げてデモが行われた日で、それがきっかけとなって李承晩大統領は退陣することになったので、「四・一九革命」とも呼ばれる日である。そしてこのデモの先陣を切ったのが高麗大学校の学生たちであった。そのため、高麗大学校ではその「栄誉」を記念して四月一八日は休講日となるのだそうだ。授業を休みながら、韓国現代史に思いを馳せる日である。

おわりに（二年目二学期：二〇一一年九月～二〇一二年二月）

二年目の二学期は、また国史学科の講義を中心に受講した。この学期には近代史に関する講義は開講されなかったので、現代史が専門のＪ先生の「韓国現代史研究（占領の社会文化史）」、古代史が専門のＫ先生の「韓国史と東アジア」、そして国際大学院で朝鮮王朝後期が専門のL先生の「韓国生活史」の三講義を受講した。

J先生の講義シラバスには、「解放後から今日に至る韓国現代史の中でいくつかのテーマに絞って、政治学や社会学などの社会科学分野で発表された研究成果を参照しながら、歴史学的な観点と方法論を通して韓国現代史を再検討すること」が目的とあった。とりわけ、解放後のアメリカ軍政の統治能力に関する社会学的考察は興味深く、統治方法における植民地期とアメリカ軍政期の連続・非連続という点を考えさせられた。

K先生の講義は、「統一新羅に至る時期における朝鮮半島と中国大陸の北方民族、そして日本との関係と交流について検討する科目」で、「当時の東アジアの国際情勢が朝鮮半島に興亡した各国家にどのような影響を及ぼし、また各国はどのように利用していったのかなどを多様に学ぶ」ことがシラバスに記された。同じくシラバスの講義目標には、「核心的な論点でもある旧来の韓国と中国の外交関係、すなわち朝貢*と冊封*、羈縻*、藩属*などの性格を再検討しようとする」もので、具体的には「韓中日の間で展開した朝貢、冊封関係をどのように見なければならないのか？　服属国なのか？　独立国なのか？　また別の性格なのか？　そして根拠は？　に対する答えを出すことを期待する」ことが掲げられた。この講義を通して、中華秩序を、中心である中国からではなく、朝鮮から眺めるとどのように見えるかという問題意識を持ち、後に博士論文をまとめる際に役に立った。

最後にL先生の「韓国生活史」の講義は、「学生が韓国人の衣食住の伝統を学ぶことで、韓国人の生活パターンそして伝統的な韓国文化の特徴を理解すること」が目標とされた。講義は、「日常を構成している様々な内容の中で、過去から持続している今日の慣習的伝統、すなわち歴史のエートスを韓国史の中の生活文化の諸主体を通して考察する。どのような歴史的条件の中で生活が営まれ、あらゆる要素が変化し、消滅し、時代を超えて我々につながり、韓国人の生活を構成しているのかを考える。これを通して、伝統と過去の歴史の現在的意味および歴史の研究価値を理解する」ことができるように構成された。具体的には次のような内容を学んだ。

①　修身（飲食と趣向の文化史、健康と人生の企画）
②　斉家（「家」の誕生、理想的な人生の教え）
③　治国（統治の空間、朝鮮の王・王室、暴力と処罰）
④　平天下（主体と他者の認識――前近代・近代）

対象とする時期は朝鮮王朝時代であったが、歴史研究で着目され議論される事件や戦争、政治・外交の問題といった非日常の出来事ではなく、日常の生活に着目して歴史を描くという方法論が新しく感じられた。この講義を通して学んだ人々の「人生」や「生活」に着目した歴史叙述のあり方にヒントを得て、これまで事件史を中心に論じられてきた朝鮮外交史研究にも援用できないかと考えることとなり、博士論文で対外制度の変遷を論じることにつながった。

以上のように、最後の学期に履修した講義では近代史について直接的に学ぶことはなかったが、異なる時代を勉強したからこそ研究の視角や方法論が新鮮に感じられ、後に博士論文をまとめる上で刺激を受けた部分が少なくなかった。私の博士論文の輪郭は、この時期に受けた講義に触発されて形作られたと言える。急がば回れとは、こういうことなのかもしれないと思った。

こうして二年間・四学期にわたる博士課程の講義が終わった。無事にやり遂げることができたのである。

「ソウル大学校で韓国近代史を学ぶ」と一言で言っても、その中では様々な分野から、また様々な立場から韓国近代史が学ばれ、決して一様ではない議論が展開されていることが読者の皆さんに伝われば幸いである。

本書では、個人的な留学体験記であることを重視したものの、大院君政権から高宗・閔氏政権、そして植民地期の基本的な歴史の流れを押さえ、「植民史学」から「内在的発展論」、「植民地近代化論」そして「植民地近代（性）

論」といった、韓国近代史を学ぶ上で必ず押さえておかなければならない学説史の変遷を概観することも目指した。本文中で引用した文献には、韓国語で書かれたものや、日本語で書かれていても専門的な記述が多い研究者向けの論文・著作などもある。また、本書では韓国近代史の基礎的事項について詳しい叙述がかなわなかった。そのため、さらなる興味・関心が広がることを願って、以下に用語説明、日本語で比較的平易に書かれた参考文献、および関係年表*を付した。

用語説明（文中初出には＊で示した）

＊韓国併合（五頁）：一九一〇年。日露戦争に勝利した日本は、一九〇五年に韓国の外交権を奪い漢城に統監を設置して保護国としていたが、その後、韓国を併合する方針を固め、列強の承認を取り付けて一九一〇年に植民地にした。

＊シラバス（七頁）：教師が作成する授業計画のこと。学生が履修するかを決めるうえで参考になる講義概要、講義の目的、到達目標、課題、評価方法などが記される。

＊四・一九（八頁）：一九六〇年四月一九日に、不正選挙糾弾を訴える学生を中心とした反独裁民主闘争で、これを契機に李承晩大統領は辞職に追い込まれた。「四・一九学生革命」などとも呼ばれる。

＊朴殷植（八頁）：歴史学者、独立運動家。三・一独立運動後にシベリアに亡命し、抗日運動をしながら歴史研究に注力した。代表作は『韓国痛史』、『朝鮮独立運動の血史』（姜徳相訳注、平凡社、一九七二年）。

＊申采浩（八頁）：歴史学者、独立運動家。亡命中に朝鮮史を研究し、代表作の『朝鮮上古史』では民衆主体の闘争史観を提示して民族史学を確立した。

＊実学（九頁）：朝鮮王朝後期に起こった新しい学問。当時の支配階級の学問であった性理学に対して、「実事求是」と「利用厚生」を学問の価値に置き、農業を重視した制度改革や産業の発達などを重視し現実を改革しようとした。

＊交隣（一二頁）：隣国との交際。中華世界の対外関係のうち、中国との事大以外の関係で、中国以外の国や集団とのそれぞれの二国間関係のこと。中国との関係のように定められた形式の儀礼などはなかったとされる。

＊両班（一三頁）：文臣と武臣をあわせた官僚のこと。朝鮮王朝時代には、実際に官職に就いていなくても、官僚を輩出しうる家系・支配身分も意味した。

＊武断政治（二二頁）：一九一〇年代の植民地支配初期に進められた軍の支配を全面に出した軍事支配のこと。朝鮮人の抵抗を

武力弾圧して統治したため、抑圧された朝鮮人の不満は一九一九年の三・一独立運動として爆発した。

＊文化統治（二二頁）：三・一独立運動によって朝鮮人の多数が日本の植民地支配に不満をもっていることを知った日本政府が行った、より融和的な支配政策のこと。文化的制度の革新によって朝鮮人に日本への同化を促す統治に改めるとともに、親日派の養成など、民族を分裂させて民族運動を弱化させようとする狙いもあった。

＊朝貢（四九頁）：中国の周辺にある国や集団の首長が使節を派遣し、中華世界の中心である天子（中国皇帝）の徳を慕い、決められた時期に決められたルートで貢物を持参し臣礼をとらせること。

＊冊封（四九頁）：朝貢を受けた天子（中国皇帝）が、返礼として莫大な下賜品（回賜）を与えるとともに、その国や集団の首長であることを認め、統治を委ねること。

＊羈縻（四九頁）：文字どおりには、暴れまわる馬を縄でつなぎ止めておき、ある程度自由にさせながら人間の望む範囲内で規制すること。対外関係においては、自国よりも文化的に遅れた国や集団をあまり暴れまわらないように、あしらいながら関係をとり結んでおくという意味で用いられる。

＊藩属（四九頁）：この場合は、朝貢する国や集団を指す言葉。他に、外藩や属邦、属国などと呼ばれる場合もある。

参考文献

岡本隆司
　二〇〇八『世界のなかの日清韓関係史――交隣と属国、自主と独立』講談社選書メチエ。
糟谷憲一・並木真人・林雄介
　二〇一六『朝鮮現代史』山川出版社。
川島真・服部龍二編
　二〇〇七『東アジア国際政治史』名古屋大学出版会。
武田幸男編
　二〇〇〇『朝鮮史』山川出版社。
月脚達彦
　二〇一五『福沢諭吉の朝鮮――日朝清関係のなかの「脱亜」』講談社選書メチエ。

関係年表

西暦	主な出来事	概要
一八六三	高宗即位・大院君政権の開始	高宗が若年で即位したため、生父である大院君が実権を握り、国内においては軍備を増強させつつ朝鮮王朝初期の行政制度を復活させるなどして王朝権力の強化を図り、対外的には鎖国政策を維持した。
一八七三	高宗親政・高宗閔氏政権の開始	大院君の政策を批判する上疏が出されたことを契機に大院君を政権から追い出すと親政を開始し、高宗の妃・閔妃の戚族である閔氏が政権につき、近代化政策である「開化政策」を始めた。
一八七五	江華島事件	日本の軍艦が武力示威活動中に江華島近くで砲撃を受けると、朝鮮の砲台に報復砲撃して占領した。
一八七六	日朝修好条規締結	江華島事件を口実に日本は朝鮮との条約締結に至ったが、朝鮮は従前の「交隣」の延長上で理解した。
一八八二	朝米修好通商条約締結	高宗・閔氏政権は清朝の勧めに応じてアメリカと条約を締結した（他にイギリス、ドイツとも条約締結した）。
	壬午軍乱	政府の開化政策に不満が募る中、支払いが遅れた上に糠が混ざっていた俸給米に憤怒した兵士が起こした反乱。一時的に大院君政権が復活するも、清朝の介入によって大院君政権は崩壊し高宗・閔氏が再び政権についた。
	中国朝鮮商民水陸貿易章程締結	宗属関係を明文化して定制とし、清朝に様々な優位を認めつつ、通商を拡大した。
一八八四	甲申政変	日本の明治維新に倣い、近代的な諸制度を導入して朝鮮の内政を改革しようとするグループである「開化派」が政変を起こすも、清朝の介入によって挫折した。

一八八五	巨文島占拠事件	英露対立を背景に、イギリス軍艦がロシアへの攻撃基地として巨文島を占拠し、朝鮮を取り巻く国際関係の緊張が高まった（一八八七年に撤退）。
	天津条約締結	甲申政変の善後処理として、清朝と日本の間で結ばれた条約。条文上は日本と清朝は対等で朝鮮で有事が生じて出兵する際は互いに通知することなどを定めたが、実質的には朝鮮における清朝の優位が続いた。
一八九四	東学農民運動	一八九二年から活動を活発化していた東学が、一八九四年になると農民軍とともに全州を占領すると、鎮圧に手こずった政府は宗属関係に基づいて清朝に借兵要請をした（日清開戦後の同年秋にも、農民軍は日本の侵略に対して再蜂起した）。
	日清開戦	清朝は天津条約に基づいて朝鮮出兵を日本に通知すると、日本も朝鮮に出兵し、日清は開戦に至った。
	甲午改革	戦況が日本の優勢で進むと、日本政府は朝鮮政府に内政改革要求を突きつけ、清朝の影響力を排除して開化派を中心とする近代的な行政・財政の改革を指導した。
一八九五	下関条約締結	日清戦争が日本の勝利で終わると、清朝は朝鮮が完全無欠なる独立自主の国であることを確認すると記した下関条約を締結した。
	閔妃殺害事件（乙未事変）	高宗・閔妃が甲午改革における王権の制限に不満を抱きロシアに接近すると、それを嫌う日本公使を中心とする日本人が閔妃を殺害し死体を焼却した。
一八九六	陽暦の導入	甲午改革を推進する政府は、一八九六年一月一日から陽暦を使用し、年号を「建陽」とした。
	義兵運動	閔妃殺害や、甲午改革政府が実行した断髪令への反発を契機に、義兵運動が起こった。
	露館播遷（俄館播遷）	閔妃が殺害されると自身の身を案じた高宗はロシア公使館に避難し、親露派とともに新しい政権を樹立した（甲午改革の終焉）。
	独立協会の成立	甲午改革を主導した開化派が中心となって、独立の確保と近代的国家改革の推進を目指す政治団体を結成し、民主的運動を展開した。
一八九七	大韓帝国の成立	高宗が慶運宮（現在の徳寿宮）に還宮すると、「光武」年号を定め、高宗は皇帝に即位し、大韓帝国を成立させた（「光武改革」の開始）。

一八九八	独立協会の解散	大韓帝国政府におけるロシアの影響力が強くなる中、政府に反対する独立協会は解散を命じられた。
一九〇四	日露開戦	日露戦争が始まると、大韓帝国政府は戦時局外中立を宣言したが、日本はこれを無視して日韓議定書を調印し、朝鮮内における軍事行動を確保した。
一九〇五	ポーツマス条約締結	既に日本の韓国保護国化を承認していたアメリカ・イギリスに加え、条約締結によってロシアも承認することとなった。
	第二次日韓協約（乙巳保護条約）	日本政府は大韓帝国政府に保護条約を承認させ、外交権を奪って保護国とし統監を置くことを決めた（条約に賛成した五大臣は「乙巳五賊」と称され売国奴として激しく糾弾されている）。
一九〇六	統監府開庁	統監は韓国の外交を管理し、皇帝に内謁する権利も有し、経済支配も強化した（初代統監は伊藤博文）。
一九〇七	ハーグ密使事件	オランダのハーグで開かれていた第二回万国平和会議で皇帝の特使が保護条約の無効を列国に訴えようとした事件。日本政府はこれを機に高宗に皇太子への譲位を強要し、純宗が新しい皇帝に就いた。
一九〇九	伊藤博文暗殺	伊藤博文が満州のハルビン駅で安重根によって殺害された。
一九一〇	韓国併合	日本は大韓帝国を完全に植民地とし、国号を「朝鮮」と改め、統治機関として朝鮮総督府を設置した（初代総督は寺内正毅）。
	武断政治（武断統治）	初期の植民地支配は露骨な軍事支配を特徴とし「武断政治」と称された。
一九一九	三・一独立運動	日本の植民地統治に反対する独立示威運動が全国で繰り広げられた。
	文化政治（文化統治）	三・一独立運動によって植民地支配のあり方の変更を余儀なくされた朝鮮総督府は、文化的制度の革新に重点を置き、朝鮮人に同化を誘導する政策を採った。そのため、一九二〇年代・三〇年代の植民地支配の特徴は、「文化政治」と称された。

一九三一	満洲事変	日本は満洲に対する侵略戦争を開始すると、朝鮮はその中継地点として重要性を増し、日本資本の進出により工業化が進展した。この時の工業化は、朝鮮の国民経済と結びついた自律的な工業化ではなく、植民地的な偏りをおびた工業化であった。
一九三七	日中戦争	日中戦争が勃発すると、朝鮮総督府は「内鮮一体」を唱え朝鮮人を天皇に随順させる皇民化政策を展開し戦争に動員できる体制を整えた（例えば、皇国臣民の誓詞の制定、創氏改名、神社参拝の強要などがある）。
一九四一	太平洋戦争	日本は戦力の強化・補充のため朝鮮人への徴兵制施行を急いだ（一九四四年に朝鮮最初の徴兵検査を実施した）。
一九四五	広島・長崎への原爆投下	被爆者の一〇人に一人は日本にいた朝鮮人だったとも言われる。
	日本の敗戦と朝鮮の解放	八月一五日は韓国では「光復節」と称される。

あとがき

私は2010年3月から2年間、韓国のソウル大学校に留学しました。本書のはじめにも記しましたように、当初は、研究員として史料収集などを主たる目的とするのか、博士課程の学生として学問の習得を主たる目的とするのか、留学する身分でとても悩みました。

しかし、せっかく2年間もの留学期間を与えていただけるのだから、短期間でも可能な史料収集だけではなく、2年間、じっくりみっちりと韓国の大学院で勉強する留学の道がいいのではないかという結論に至りました。

振り返ってみますと、そのような留学生活からは、後の人生を歩む上でも重要な二つのことを学びました。一つは、頭で考えること以上に心や体で感じることの大切さ、もう一つは、人と人とのつながりの大切さです。

心や体で感じることの大切さについては、本書にまとめたような12コマの多種多様な講義を履修することで、韓国における歴史の学ばれ方、ものの考え方、学ぶ人々の姿勢など、文献や史料からでは得ることができない、いわば、「韓国歴史学の雰囲気」といったものを心と体で掴むことができたことです。インターネットの普及と史料公開の促進によって、自宅から誰でも簡単に世界中の歴史史料を見ることができる今日においては、その国の史料を解釈する上で、その国の社会・人々のことを肌で感じた経験がより活かされるのではないかと思います。

もう一つ、人と人とのつながりの大切さについてです。学生として留学したことで、例えば、寄宿舎の手続きや学生証の発行、健康診断の受け方など、日本ではなんということもない出来事も困難と不安が伴う一大イベントでした。そんな時、必ず誰かが手を差し伸べてくれました。本当にありがたいと感じました。「真の贅沢というものは、ただ一つしかない、それは人間関係という贅沢だ」という言葉がありますが、私は留学を通し、日本にいては見過ごしかねない真の贅沢を感じることができました。

最後に、留学の成果をブックレットにまとめる機会をくださった松下幸之助記念財団および風響社石井雅社長に心から感謝申し上げます。

著者紹介
森　万佑子（もり　まゆこ）
1983年、愛知県生まれ。
2008年、東京大学大学院総合文化研究科地域文化研究専攻修士課程修了。
2012年、ソウル大学校大学院人文大学国史学科博士課程修了。2015年、東京大学大学院総合文化研究科地域文化研究専攻博士課程修了。2016年、博士（学術）。
現在、日本学術振興会特別研究員（PD）。
主要業績に、『朝鮮外交の近代——宗属関係から大韓帝国へ』名古屋大学出版会、2017年。

ソウル大学校で韓国近代史を学ぶ　韓国留学体験記

2017年12月15日　印刷
2017年12月25日　発行

著　者　森　万佑子

発行者　石井　雅
発行所　株式会社　風響社

東京都北区田端4-14-9（〒114-0014）
Tel 03（3828）9249　振替 00110-0-553554
印刷　モリモト印刷

ISBN987-4-89489-797-7　C0022